LA

LIEUTENANCE DE L'EMPIRE

LA
LIEUTENANCE DE L'EMPIRE

PAR

CLÉMENT DUVERNOIS

Rédacteur en chef du journal l'ALGÉRIE NOUVELLE, d'Alger

ALGER

LIBRAIRIE ALGÉRIENNE DE DUBOS FRÈRES, ÉDITEURS

Mars 1859

LA

LIEUTENANCE DE L'EMPIRE

Le Prince Napoléon a donné sa démission et sa démission a été acceptée.

Cette nouvelle, arrivée il y a deux jours, a causé dans notre ville une émotion profonde et nous sommes encore sous le coup de la stupeur dans laquelle elle a plongé nos concitoyens.

On peut le dire la population civile tout entière et la majeure partie de l'administration civile ont été saisies d'un étonnement douloureux et il semblait, à voir et à entendre les Algériens, que la colonie fut perdue par le départ du Prince.

Les réactionnaires, — c'est-à-dire la portion des militaires qui nous considèrent comme ses hommes-lige et quelques administrateurs civils, — les réactionnaires n'ont pu dissimuler leur joie et le bruit que fesaient leurs soupirs de soulagement est venu augmenter encore le désespoir des colons.

De telle sorte qu'à en croire les uns et les autres, la démission du Prince serait le signal d'un recul considérable, la constatation d'un éclatant triomphe de la réaction. De là, le profond désespoir de nos amis, car, disent-ils, si un Prince n'a pu tenir en échec le vieux parti algérien, que pourra faire un simple ministre !

Certes, nous regrettons plus que personne le prince Napoléon : les bonnes intentions qu'il avait manifestées, la fermeté avec laquelle il avait posé ces principes, la loyauté avec laquelle il avait permis la libe discussion , nous l'ont évid emment rendu très-sympathique mais nous ne saurions considérer sa démission ni comme un signal de recul, ni comme un signe qu'il abandonne définitivement la direction de nos affaires.

Nous ne voyons dans ce fait qu'une preuve certaine de l'impuissance du ministère, comme institution devant gouverner l'Algérie, et qu'un signe précurseur de l'avénement d'une institution plus puissante.

Voilà ce que nous voudrions démontrer pour calmer les appréhensions de nos amis et tempérer la joie ne nos adversaires.

I

Il est temps que la question algérienne soit résolue.

Or, la création du ministère de l'Algérie n'a jamais été une solution, mais une transition.

L'Algérie souffrait, l'Algérie s'étiolait, l'Algérie se plaignait : une réforme fut jugée nécessaire. On sentit qu'il était temps de soustraire à la fois le pays au régime du sabre incompatible avec les progrès civil, et au régime du provisoire qui entravait l'installation d'une colonisation sérieuse.

On avait à choisir entre les deux solutions qui se présentaient depuis la conquête : L'Assimilation et le Gouvernement spécial. On voulut prendre la seconde combinaison, mais dès les premiers pas qu'on fit, on se sentit arrêté par l'ignorance absolue où l'on était de la question algérienne.

Que coûterait une lieutenance de l'Empire ? Comment fonctionnerait-elle ? Que ferait-elle ? Nul dans le gouvernement n'était capable de le dire, et l'on ne voulait pas s'en rapporter aux théoriciens.

C'est dans cette incertitude que, brusquement, à l'instant même où, pour les mieux informés, la création d'une lieutenance de l'Empire était un fait accompli, on renonça à la lieutenance de l'Empire pour former le ministère de l'Algérie.

Former ce ministère et en remettre la direction au Prince qui d'abord devait prendre la lieutenance, c'était se placer à distance égale du système de l'assimilation et du système du gouvernement spécial, ce n'était pas opter entre eux; c'était mettre la question algérienne à l'étude, ce n'était pas la résoudre.

Comme institution transitoire, comme instrument d'étude, le ministère de l'Algérie était acceptable; comme institution définitive, comme instrument d'administration, il ne pouvait même pas se discuter.

Admettait-on qu'il y eût une unité algérienne et que l'Algérie eut besoin d'être administrée d'une façon autre que la France?

Le ministère de l'Algérie ne pouvait demeurer à cinq cents lieues de la colonie, sans qu'on fût obligé tôt ou tard de créer en Algérie une centralisation qui ferait concurrence à celle de

Paris et compliquerait toutes les affaires. D'un autre côté, pour une administration d'un ordre spécial, il n'était pas rationnel d'avoir une direction purement française, imbue du système français, prise et placée en dehors de l'influence algérienne.

Pensait-on, au contraire, que l'unité algérienne était un vain mot, que l'Algérie pût être, sans inconvénients, coupée en départements administrés comme la France ?

Le ministère de l'Algérie devenait parfaitement inutile et il suffisait de remettre les différentes branches administratives de l'Algérie aux ministères compétents.

En principe, donc, le ministère de l'Algérie était condamné le jour de sa création; en fait, il n'était possible qu'ayant à sa tête le prince Napoléon.

Si un successeur est donné au Prince, il tombera nécessairement dans un délai qu'il serait possible de préciser. Depuis le jour de son avénement jusqu'au jour de sa chute, il sera frappé d'impuissance, également incapable de reculer ou d'avancer.

Le recul, disons-nous, lui sera interdit.

Ce n'est pas en vain qu'on remue des idées et des principes, ce n'est pas en vain qu'on promet à un peuple la réalisation de ses espérances les plus légitimes, ce n'est pas en vain que pendant huit mois on lui permet de parler et de se concerter.

Au moment où le Prince est arrivé au ministère, l'Algérie avait des aspirations généreuses, mais elle n'en avait pas formé un corps de doctrines; elle avait des espérances, mais elle n'en attendait la réalisation que dans un avenir lointain; elle maudissait le régime oppresseur sous lequel elle gémissait, mais elle le croyait tellement assis, tellement adéquat au système général de la politique française, qu'elle osait à peine lutter contre lui.

Aujourd'hui, les aspirations se sont formulées et sont devenues des demandes; les plaintes se sont groupées et ont sapé, jusqu'à la base, le vieux système des abus; aux espérances on a répondu par des promesses ; au régime du silence on a subtitué le régime de la discussion, et le gouvernement s'est fait le complice du public dans ses attaques contre un passé odieux.

Aussi, comme la France de 1787 avait ses cahiers des Etats généraux, l'Algérie à la charte de ses droits ; on les a reconnus, on a promis de les respecter, elle ne l'oubliera pas. Comme la France de 1787, l'Algérie attend son 89, elle l'aura parce qu'il le faut.

En admettant, d'ailleurs, qu'on tienne un faible compte de l'opinion algérienne, comment le gouvernement impérial pourrait-il logiquement permettre une réaction ? Comment effacerait-il ces rapports-manifestes insérés depuis huit mois dans le *Moniteur*, signés par un prince et approuvés par le chef de l'Etat ? Et s'il ne les effaçait pas, comment pourrait-il agir en sens inverse, sans donner au public ce scandale anti-dynastique d'un prince du sang désavoué, contredit par l'ordre du souverain ?

Mais, si le nouveau ministre se trouvait dans l'impossibilité de reculer, il ne lui serait pas moins interdit d'avancer.

Nous ne savons pas encore quels motifs ont déterminé le Prince à quitter le cabinet, s'il s'est séparé du gouvernement sur une question de politique étrangère, comme cela paraît probable, et si la question algérienne n'a pas été pour sa part dans la rupture ; mais il est certain que depuis huit mois il a vécu au milieu des conflits, que chacune de ses mesures a rencontré des oppositions puissantes, à ce point qu'il a dû compter avec elles et que souvent elles ont paralysé ses meilleures intentions.

Que serait-ce donc si un simple ministre se trouvait en présence des mêmes résistances ? et que pourrait-il contre elles ? Il est certain qu'il n'y résisterait pas.

Incapable d'avancer, parce qu'il serait faible

en présence du parti militaire, incapable de reculer, parce que la dignité du gouvernement autant que l'opinion s'y opposerait, désireux de faire parce que la situation dont il serait responsable l'exige impérieusement, le ministre serait comme une locomotive environnée de bornes, usant son charbon sur place, jusqu'au moment où la vapeur le ferait sauter.

Ainsi le ministère de l'Algérie doit finir avec le ministre: créé pour un homme, il n'a pas de raison d'être sans lui. On peut, si l'on veut prolonger son agonie, pour notre plus grand malheur, mais on ne lui donnera pas le principe vital qui lui fait défaut.

Mieux vaut donc arriver, dès à présent, à une solution définitive.

Sera-ce l'assimilation ?

Sera-ce le gouvernement spécial ?

Aujourd'hui, comme il y a six mois, la question reste posée entre ces deux systèmes.

II

Spécieuse dans sa formule, recouverte d'un vernis de patriotisme, la doctrine de l'assimilation a eu en Algérie une certaine vogue et des hommes d'un talent incontestable se sont consacrés à sa défense; mais, il faut le reconnaître, l'adoption de ce système était plutôt une protestation contre ce qui existait que la manifestation d'un vœu réfléchi; pour les Algériens, être assimilés à la France était se débarrasser du gouvernement militaire, le remplacer par l'administration civile, et obtenir quelques libertés.

Mais, si l'on examine l'assimilation au point de vue de la pratique, surtout si on l'examine dans ses détails, on est forcé de reconnaître qu'il n'est pas applicable et que, le fût-il, il serait contraire aux intérêts algériens.

Nous n'avons pas à examiner ici la situation

politique et la constitution administrative de la France ; mais, sans les discuter, on peut admettre qu'elles sont le résultat d'un ordre de faits qui n'existe pas en Algérie. Il est donc possible de rêver pour la colonie un système plus sympathique, plus en rapport avec les nécessités du peuplement.

Si l'Algérie veut détourner à son profit une partie de l'émigration qui se rend en Amérique, il faut qu'elle offre tout d'abord aux émigrants ce qu'ils vont chercher bien loin : la liberté. Quel inconvénient peut-il y avoir pour la France à ce que l'Algérie ait une plus grande part de liberté politique ? Aucun.

La constitution admet que la liberté doit couronner l'édifice impérial, mais le chef de l'État n'a pas eucore trouvé le moment opportun pour couronner son édifice.

Quel danger y a-t-il à ce qu'il donne un peu de cette liberté promise, sur une portion éloignée de l'Empire ? Ne serait-ce pas à la fois donner un gage de ses bonnes dispositions et fournir à l'activité dévorante de certains esprits un utile application ?

Si, au point de vue politique, nous pensons que l'Algérie peut raisonnablement demander plus qu'on n'a en France, au point de vue administratif et économique, il est facile de voir que l'assimilation serait irrationnelle, impossible.

La France, pays peuplé, n'accepte pas volontiers l'immigration des étrangers dont elle n'a que faire; aussi met-elle à leur naturalisation des obstacles immenses.

L'Algérie, pays à peupler, fait appel à l'émigration; elle doit donc faciliter la naturalisation des étrangers, si elle ne veut bientôt avoir vingt peuples dans son sein.

En France, où la terre est partagée entre les habitants, où la propriété individuelle est constituée, on ne sait ce que c'est que l'aliénation prompte des terres appartenant au Domaine de l'Etat.

En Algérie, cette aliénation est l'affaire la plus importante, et plus elle sera facile et simple, mieux cela vaudra.

En France, où les intérêts sont groupés autour d'un système douanier protecteur, il n'est pas possible d'établir immédiatement et d'un seul coup la liberté commerciale.

En Algérie, où les intérêts ne sont pas encore constitués, on peut sans inconvénients implanter la liberté commerciale, faire ainsi de nos ports les plus importantes stations maritimes de la Méditerranée, et de la colonie l'un des plus grands entrepôts du monde.

Si nous entrions dans les détails de l'application combien ne trouverions-nous pas de rouages utiles en France qui peuvent être supprimés en Algérie, parce que, n'y ayant aucune raison d'être, ils y deviennent des entraves à des manifestations légitimes.

Le système de l'assimilation pure et simple est donc inapplicable et c'est à la création d'un gouvernement spécial ayant son siége en Algérie, qu'il faut demander la solution des embarras présents.

III.

Cette création, si utile, si indispensable au développement de l'Algérie est fort simple et d'une facile organisation. Pour nous en convaincre, voyons d'abord ce qu'elle aura à faire, cela nous montrera ce qu'elle doit être.

Le but double qu'elle doit poursuivre c'est :

L'unification de la population sur des bases telles que tous les Algériens actuellement en Algérie ne forment plus qu'un seul peuple et que tous les étrangers qui viendront ensuite se grouper autour de nous se fondent immédiatement dans la masse.

Le peuplement rapide du pays ;

Afin de procéder logiquement, voyons d'abord ce qu'il faut faire pour arriver à l'unification.

La première mesure à prendre, c'est évidemment la suppression des distinctions de territoires : il ne faut pas que ce qui est crime en-deçà d'une rivière devienne délit au-delà. Si d'ailleurs la réforme devait s'appliquer seulement à ce qu'on appelle les territoires civils, il ne vaudrait pas la peine qu'on se mît en frais pour une affaire aussi minime. Par la suppression des territoires militaires, on aura l'unité politique et administrative, la première de toutes.

Comme conséquence logique, on créera l'unité de juridiction : les mêmes tribunaux jugeant tous les Algériens indistinctement, sauf à tenir compte des différences qui existent entre leurs législations dans les deux ou trois cas où elles diffèrent.

On fera une loi de naturalisation extrêmement libérale qui acceptera les indigènes immédiatement, et n'imposera aux étrangers que des conditions faciles à remplir.

Par la création de la propriété individuelle

et la constitution de la commune, qui en est la conséquence, on complètera l'unité administrative.

Enfin, la construction des voies ferrées entre Alger et Oran, ainsi qu'entre Alger et Constantine, donnera à la centralisation politique l'appui d'une centralisation économique irrésistible.

C'est ainsi qu'avec cinq grandes mesures on aura fait l'unité dans cet amalgame algérien, mélange bizarre de tous les systèmes connus, dont l'équivalent dans la linguistique est le langage *sabir*.

Ces cinq mesures complétées amèneront le peuplement.

La constitution de la propriété individuelle, chez les Arabes, doit avoir pour effet, on le sait, de placer entre les mains du gouvernement de vastes étendues de terres; l'Etat mettra immédiatement en vente à prix fixe et à bureau ouvert les terres rendues disponibles.

Pour donner à l'initiative individuelle le désir et le pouvoir de se manifester, on appli-

quera le principe électif et représentatif dans
de larges limites.

Enfin la proclamation de la liberté commerciale ouvrira nos portes à l'étranger et l'inté-
ressera au développement du pays et à son
peuplement.

Après avoir défini le but que l'on doit at-
teindre et les mesures que l'on doit prendre, il
nous sera plus aisé de dire comment et avec
quelles institutions on pourrait poursuivre ce
but, appliquer ces mesures.

On créerait, à Alger, une Lieutenance de
l'Empire avec les attributions les plus étendues, n'ayant de compte à rendre qu'au chef
de l'Etat, avec lequel elle correspondrait par
l'intermédiaire d'un sous-secrétaire d'Etat placé
à Paris.

Les services administratifs de l'Algérie seraient divisés en cinq branches, dirigées par cinq
directeurs-généraux placés à Alger, auprès
du Lieutenant de l'Empire, et nommés par lui.
à la charge du budget algérien.

Le service de l'intérieur centraliserait l'administration des Préfets et aurait la surveillance politique du pays ;

Le service des finances administrerait le budget général de l'Algérie, dont il sera parlé tout-à-l'heure, et élaborerait les questions de douanes et de commerce ;

Le service de la colonisation et des travaux publics serait chargé de la constitution de la propriété arabe, de l'aliénation des terres, des travaux publics, des questions de peuplement, etc. ;

Le service de la justice, de l'instruction publique et des cultes.

La force armée serait divisée en deux catégories : d'une part, une gendarmerie mixte de quelques milliers d'hommes, formerait un effectif spécialement algérien ; elle aurait pour objet le maintien de la sécurité et de l'ordre, et elle y suffirait amplement ; elle serait organisée par le Lieutenant de l'Empereur, qui donnerait les grades ; elle demeurerait à la

Quant à l'armée proprement dite, elle demeurerait française et à la charge du budget français. La fixation du chiffre de l'effectif, la distribution des grades, seraient laissées au ministère de la guerre, sans intervention du Lieutenant de l'Empereur.

A côté du Lieutenant de l'Empereur, serait institué un Conseil supérieur électif, chargé de voter le budget, et qui serait consulté sur les grosses mesures projetées.

Le budget des recettes se composerait du produit de tous les impôts existants ou à créer en Algérie, du revenu des terres domaniales, et, s'il était besoin, d'une subvention annuelle fixe, qui serait accordée *en bloc* par la France. Cette subvention, minimum dès le principe, ne serait nécessaire que pendant une dizaine d'années.

Le budget des dépenses comprendrait toutes les dépenses indistinctement, sauf celles afférentes à l'armée, parce que l'armée que l'on maintient en Algérie a bien moins pour but de protéger la colonie que de répondre aux éventualités de la politique européenne.

Telles sont les données fondamentales du système que nous proposons.

IV

Comme tous les systèmes possibles, celui-ci doit donner prise à des objections : tout ce que nous pouvons faire, c'est de les prévoir autant que faire se pourra, et d'y répondre.

Au nom de la sécurité, on nous blâmera de demander la suppression du territoire militaire et de tout cet appareil de lois et d'institutions exceptionnelles qui en sont la conséquence.

Au nom du patriotisme, on nous accusera de trop disjoindre les intérêts algériens et les intérêts français, et de préparer ainsi la séparation.

Au nom de la politique, on nous blâmera de

proposer notre système dans un moment où la France, préoccupée des complications de la politique étrangère, n'a pas le temps de s'occuper de nos intérêts.

Procédons par ordre, et justifions-nous, d'abord, au point de vue de la sécurité.

Nos amis savent que jamais nous n'avons été bien inquiet de cette grosse question de sécurité, qui, d'après les réactionnaires, doit dominer toutes les autres. Eu vérité, ce qui se passe sous nos yeux ne saurait modifier nos impressions.

Si, en effet, depuis huit mois, malgré les tentatives de troubles de l'Aurès, malgré le vif désir que certaines gens pouvaient avoir de prendre les novateurs en défaut au moyen d'une bonne petite insurrection, le pays est resté parfaitement calme; si, pour essayer de troubler la quiétude générale, il a fallu élever deux ou trois assassinats à la hauteur d'une insurrection; si, malgré les bruits de guerre, malgré l'embarquement de troupes, le pays n'a pas tressailli : cela prouve jusqu'à l'évidence que nous avions parfaitement raison de croire à la sécurité, à la paix générales.

Il est des fauteurs de troubles plus dangegeux que le *Moul-Sâa* ou tel marabout fanatique, des révolutionnaires énergiques qu'il faut réprimer ; ils s'appellent EXACTION et OPPRESSION. Que l'on fasse disparaître ces ennemis en régularisant la machine administrative, en supprimant d'une main les pouvoirs sans contrôles sérieux, de l'autre les juridictions exceptionnelles et le bâton du chaouch, on aura plus fait pour la sécurité qu'en maintenant ici trois fois plus de troupes qu'il ne nous en faut.

Laissons d'ailleurs cette objection basée sur la crainte, et n'oublions pas que la sécurité n'est mise en doute que par ceux dont le métier est de la maintenir, ce qui rappelle de loin les théories de M. Josse.

Répondons à l'objection basée sur le patriotisme.

Nous l'avons déjà dit souvent, la séparation d'une colonie d'avec sa métropole n'a jamais lieu sans des causes graves, sans des griefs sérieux, car une colonie a toujours un intérêt puissant à ne pas s'isoler. Si elle le fait c'est toujours pour n'avoir pas été assez libre, jamais pour l'avoir été trop. N'a-t-on pas d'ailleurs à cet égard l'exemple des Anglais, nos maîtres en colonisation, et l'Angleterre fait-elle pour ses colonies autre chose que ce que nous demandons pour l'Algérie ? Voit-on pour cela que ses colonies, l'Australie par exemple, manifestent des tendances séparatistes ?

Mais d'ailleurs pour rassurer complètement les esprits timides, nous ferons remarquer que l'éventualité d'une tentative de séparation est prévue dans notre système.

La présence permanente dans nos ports d'une marine spécialement française, la présence sur notre sol d'une armée dont les éléments renouvelés sans cesse n'auront rien d'algérien, placent entre les mains de la France des garanties largement suffisantes ; si l'on ajoute à cela la proximité de la métropole, la facilité d'y trouver des secours, on reconnaîtra bientôt qu'une séparation serait aussi impossible que peu désirée.

Ces objections écartées, il ne nous reste plus à examiner que la question d'opportunité.

V

Que venons-nous parler de l'Algérie au moment où la France va peut-être avoir la guerre avec l'Autriche, au moment où la France va chevaleresquement défendre la nationalité italienne, au moment où la France ne songe qu'à cueillir de nouveaux lauriers pour illustrer l'époque contemporaine !

Nous venons parler de l'Algérie au moment de la guerre, parce que si une guerre générale venait à éclater, avant que l'Algérie fut sagement organisée, l'Algérie pourrait bien être perdue pour la France.

Nous venons parler de l'Algérie, au moment où l'on projette une guerre d'intervention, parce qu'il nous semble indispensable d'organiser nos propres affaires si nous voulons intervenir avec autorité dans celles de nos voisins.

Nous venons parler de l'Algérie, au moment où l'on soulève la question des nationalités, parce qu'il serait illogique de défendre d'une main l'Italie et de maintenir de l'autre un système oppresseur ; de blâmer d'un côté la bastonnade appliquée aux Italiens, de l'approuver, d'un autre côté, quand on l'applique aux Arabes ; de trouver mauvais d'une part que les Italiens soient jugés par des tribunaux exceptionnels, de trouver très-bon d'autre part que les Arabes et les colons soient jugés par des commandants de place et des conseils de guerre.

Nous venons parler dA'lgérie et de régime colonial, au moment où l'on parle de lauriers et de conquêtes, parce qu'il serait illogique de lâcher la proie pour l'ombre ; de négliger l'Algérie que nous avons, qui nous assure la possession de l'Afrique septentrionale et la prépondérance dans la Méditerranée, lorsqu'on irait dépenser des milliards d'argent et des milliers d'hommes à la recherche de l'inconnu; parce qu'il nous paraît plus glorieux et plus utile à la France d'inaugurer un régime colonial rationnel à la place de celui qui nous a fait perdre toutes nos colonies, que de faire manœuvrer des armées ; plus économique de créer des valeurs en Algérie, que d'en détruire ailleurs ; plus rationnel de créer un champ d'asile pour les parias de la vieille Europe, que de tuer un plus ou moins grand nombre d'Autrichiens au prix d'un grand nombre de Français ; parce que nous préférons les résultats certains d'une conquête pacifique aux résultats douteux d'une conquête armée.

Ces réflexions suffiraient peut-être à justifier l'opportunité de notre proposition. Nous y joindrons pourtant une autre raison, puisée dans la situation politique de la France.

La démission du prince Napoléon est un fait grave, non-seulement en Algérie, mais aussi en France et en Europe. L'arrivée du Prince au ministère n'était pas seulement une promesse à l'Algérie, c'était un gage de libéralisme donné à la France et à l'étranger. Le départ du Prince produira donc un effet fâcheux.

Que le Prince soit nommé lieutenant de l'Empereur, qu'il revienne ainsi aux affaires sans rien sacrifier de sa dignité : le mauvais effet est détruit.

Quant au Prince lui-même, nous ne doutons pas qu'il n'accepte avec plaisir une occasion de montrer ce qu'il peut faire, et qu'il ne trouve digne de lui d'entreprendre une œuvre gigantesque en dehors de la politique générale de la France.

VI

Concluons.

La création d'une Lieutenance de l'empire est la seule institution qui puisse donner une satisfaction complète à l'intérêt algérien.

Elle est possible en ce moment par suite de la démission du Prince et de la désorganisation qui en résulte.

Que le gouvernement la crée en lui donnant une liberté d'action suffisante, il assurera à la France, presque sans dépenses nouvelles, la possession définitive de l'Algérie, et ultérieurement la possession de l'Afrique septentrionale, c'est-à-dire d'un empire deux ou trois fois grand comme l'empire français.

Que le gouvernement nous laisse dans une situation fausse, avec un ministère impuissant et des institutions mal définies, il attache un boulet au pied de la France, et prépare pour l'avenir une séparation violente entre l'Algérie et la métropole.

Si notre voix n'est pas entendue en cet instant, si l'on veut tenter une nouvelle expérience en nommant un nouveau ministre, nous ne désespérerons pas encore de l'avenir, mais nous plaindrons l'Algérie de la nouvelle crise qu'il lui faudra subir, la France des nouvelles dépenses qu'il lui faudra faire sans aucun profit.

Alger. — Imprimerie Dubos Frères.

www.ingramcontent.com/pod-product-compliance
Lightning Source LLC
Chambersburg PA
CBHW051749050726
47598CB00003B/1395